D1525638

RENÉ CHAR

Le Nu perdu

et autres poèmes
1964-1975

GALLIMARD

LE NU PERDU

1964-1970

Retour amont

SEPT PARCELLES DE LUBERON

I

Couchés en terre de douleur,
Mordus des grillons, des enfants,
Tombés de soleils vieillissants,
Doux fruits de la Brémonde.

Dans un bel arbre sans essaim,
Vous languissez de communion,
Vous éclatez de division,
Jeunesse, voyante nuée.

Ton naufrage n'a rien laissé
Qu'un gouvernail pour notre cœur,
Un rocher creux pour notre peur,
O Buoux, barque maltraitée !

Tels des mélèzes grandissants,
Au-dessus des conjurations,
Vous êtes le calque du vent,
Mes jours, muraille d'incendie.

C'était près. En pays heureux.
Élevant sa plainte au délice,
Je frottai le trait de ses hanches
Contre les ergots de tes branches,
Romarin, lande butinée.

De mon logis, pierre après pierre,
J'endure la démolition.
Seul sut l'exacte dimension
Le dévot, d'un soir, de la mort.

L'hiver se plaisait en Provence
Sous le regard gris des Vaudois;
Le bûcher a fondu la neige,
L'eau glissa bouillante au torrent.

Avec un astre de misère,
Le sang à sécher est trop lent.
Massif de mes deuils, tu gouvernes :
Je n'ai jamais rêvé de toi.

II

Traversée

Sur la route qui plonge au loin
Ne s'élève plus un cheval.
La ravinée dépite un couple;
Puis l'herbe, d'une basse branche,
Se donne un toit, et le lui tend.
Sous la fleur rose des bruyères
Ne sanglote pas le chagrin.
Buses, milans, martres, ratiers,

Et les funèbres farandoles,
Se tiennent aux endroits sauvages.
Le seigle trace la frontière
Entre la fougère et l'appel.
Lâcher un passé négligeable.
Que faut-il,
La barre du printemps au front,
Pour que le nuage s'endorme
Sans rouler au bord de nos yeux?
Que manque-t-il,
Bonheur d'être et galop éteint,
Hache enfoncée entre les deux?
Bats-toi, souffrant! Va-t'en, captif!
La transpiration des bouchers
Hypnotise encore Mérindol.

TRACÉ SUR LE GOUFFRE

Dans la plaie chimérique de Vaucluse je vous ai
regardé souffrir. Là, bien qu'abaissé, vous étiez une
eau verte, et encore une route. Vous traversiez la
mort en son désordre. Fleur vallonnée d'un secret
continu.

EFFACEMENT DU PEUPLIER

L'ouragan dégarnit les bois.
J'endors, moi, la foudre aux yeux tendres.
Laissez le grand vent où je tremble
S'unir à la terre où je croîs.

Son souffle affile ma vigie.
Qu'il est trouble le creux du leurre
De la source aux couches salies!

Une clé sera ma demeure,
Feinte d'un feu que le cœur certifie;
Et l'air qui la tint dans ses serres.

CHÉRIR THOUZON

Lorsque la douleur l'eut hissé sur son toit envié un savoir évident se montra à lui sans brouillard. Il ne se trouvait plus dans sa liberté telles deux rames au milieu de l'océan. L'ensorcelant désir de parole s'était, avec les eaux noires, retiré. Çà et là persistaient de menus tremblements dont il suivait le sillage aminci. Une colombe de granit à demi masquée mesurait de ses ailes les restes épars du grand œuvre englouti. Sur les pentes humides, la queue des écumes et la course indigente des formes rompues. Dans l'ère rigoureuse qui s'ouvrait, aboli serait le privilège de récolter sans poison. Tous les ruisseaux libres et fous de la création avaient bien fini de ruer. Au terme de sa vie il devrait céder à l'audace nouvelle ce que l'immense patience lui avait, à chaque aurore, consenti. Le jour tournoyait sur Thouzon. La mort n'a pas comme le lichen arasé l'espérance de la neige. Dans le creux de la ville immergée, la corne de la lune mêlait le dernier sang et le premier limon.

MIRAGE DES AIGUILLES

Ils prennent pour de la clarté le rire jaune des ténèbres. Ils soupèsent dans leurs mains les restes de la mort et s'écrient : « Ce n'est pas pour nous. » Aucun viatique précieux n'embellit la gueule de leurs serpents déroulés. Leur femme les trompe, leurs enfants les volent, leurs amis les raillent. Ils n'en distinguent rien, par haine de l'obscurité. Le diamant de la création jette-t-il des feux obliques? Promptement un leurre pour le couvrir. Ils ne poussent dans leur four, ils n'introduisent dans la pâte lisse de leur pain qu'une pincée de désespoir fromental. Ils se sont établis et prospèrent dans le berceau d'une mer où l'on s'est rendu maître des glaciers. Tu es prévenu.

Comment, faible écolier, convertir l'avenir et détiser ce feu tant questionné, tant remué, tombé sur ton regard fautif?
Le présent n'est qu'un jeu ou un massacre d'archers.

Dès lors fidèle à son amour comme le ciel l'est au rocher. Fidèle, méché, mais sans cesse vaguant, dérobant sa course par toute l'étendue montrée du feu, tenue du vent; l'étendue, trésor de boucher, sanglante à un croc.

AUX PORTES D'AEREA

L'heureux temps. Chaque cité était une grande
famille que la peur unissait; le chant des mains à
l'œuvre et la vivante nuit du ciel l'illuminaient. Le
pollen de l'esprit gardait sa part d'exil.

Mais le présent perpétuel, le passé instantané,
sous la fatigue maîtresse, ôtèrent les lisses.

Marche forcée, au terme épars. Enfants battus,
chaume doré, hommes sanieux, tous à la roue!
Visée par l'abeille de fer, la rose en larmes s'est
ouverte.

DEVANCIER

J'ai reconnu dans un rocher la mort fuguée et mensurable, le lit ouvert de ses petits comparses sous la retraite d'un figuier. Nul signe de tailleur : chaque matin de la terre ouvrait ses ailes au bas des marches de la nuit.

Sans redite, allégé de la peur des hommes, je creuse dans l'air ma tombe et mon retour.

VENASQUE

Les gels en meute vous rassemblent,
Hommes plus ardents que buisson;
Les longs vents d'hiver vous vont pendre.
Le toit de pierre est l'échafaud
D'une église glacée debout.

PAUSE AU CHÂTEAU CLOAQUE

Le passé retarderait l'éclosion du présent si nos souvenirs érodés n'y sommeillaient sans cesse. Nous nous retournons sur l'un tandis que l'autre marque un élan avant de se jeter sur nous.

De la ceinture de tisons au rɩ osoir des morves. Du rêve gris au commerce avec rien. Course. Premier col : argile effritée.

La terre, est-ce quelque chose ou quelqu'un? Rien n'accourt lorsqu'appelle la question, sinon une large barre, un opaque an ɩau, et quelque serveuse d'approches.

Pour l'ère qui s'ouvre : « A la fin était le poison. Rien ne pouvait s'obtenir sans lui. Pas le moindre viatique humain. Pas la plus palpable récolte. » Ainsi fulmine la terre glauque.

Contre l'épaisseur diffuse d'un somnambulisme empoisonné, la répugnance de l'esprit serait fuite chiffrée, serait, plus tard, révolte?

Jeunesse des dupes, girolle de la nuit.

Éteindre le tumulte, sans un porte-respect, comme se desserre à l'aube l'arc-en-ciel de la lune.

Nous ne jalousons pas les dieux, nous ne les servons pas, ne les craignons pas, mais au péril de notre vie nous attestons leur existence multiple, et nous nous émouvons d'être de leur élevage aventureux lorsque cesse leur souvenir.

Le vin de la liberté aigrit vite s'il n'est, à demi bu, rejeté au cep.

LE MUR D'ENCEINTE ET LA RIVIÈRE

Je ne voudrais pas m'en aller devant toi, telle une herbe fauchée, t'appeler contre Thouzon désert et son cœur non détruit.

LES PARAGES D'ALSACE

Je t'ai montré La Petite-Pierre, la dot de sa forêt,
   le ciel qui naît aux branches,
L'ampleur de ses oiseaux chasseurs d'autres oiseaux,
Le pollen deux fois vivant sous la flambée des fleurs,
Une tour qu'on hisse au loin comme la toile du corsaire,
Le lac redevenu le berceau du moulin, le sommeil
   d'un enfant.

Là où m'oppressa ma ceinture de neige,
Sous l'auvent d'un rocher moucheté de corbeaux,
J'ai laissé le besoin d'hiver.
Nous nous aimons aujourd'hui sans au-delà et sans
   lignée,
Ardents ou effacés, différents mais ensemble,
Nous détournant des étoiles dont la nature est de
   voler sans parvenir.

Le navire fait route vers la haute mer végétale.
Tous feux éteints il nous prend à son bord.
Nous étions levés dès avant l'aube dans sa mémoire.
Il abrita nos enfances, lesta notre âge d'or,
L'appelé, l'hôte itinérant, tant que nous croyons à
   sa vérité.

DANSONS AUX BARONNIES

En robe d'olivier

                          l'Amoureuse

avait dit :

             Croyez à ma très enfantine fidélité.

               Et depuis,

une vallée ouverte

                             une côte qui brille

un sentier d'alliance

                  ont envahi la ville

où la libre douleur est sous le vif de l'eau.

FACTION DU MUET

Les pierres se serrèrent dans le rempart et les hommes vécurent de la mousse des pierres. La pleine nuit portait fusil et les femmes n'accouchaient plus. L'ignominie avait l'aspect d'un verre d'eau.

Je me suis uni au courage de quelques êtres, j'ai vécu violemment, sans vieillir, mon mystère au milieu d'eux, j'ai frissonné de l'existence de tous les autres, comme une barque incontinente au-dessus des fonds cloisonnés.

CONVERGENCE DES MULTIPLES

Cet homme n'était pas généreux parce qu'il voulait se voir généreux dans son miroir. Il était généreux parce qu'il venait des Pléiades et qu'il se détestait.

La même ombre prodigue, aux phalanges des doigts relevés, nous joignit lui et moi. Un soleil qui n'était point pour nous s'en échappa comme un père en faute ou mal gratifié.

YVONNE
La soif hospitalière

Qui l'entendit jamais se plaindre?

Nulle autre qu'elle n'aurait pu boire sans mourir
   les quarante fatigues,
Attendre, loin devant, ceux qui viendront après;
De l'éveil au couchant sa manœuvre était mâle.

Qui a creusé le puits et hisse l'eau gisante
Risque son cœur dans l'écart de ses mains.

LE NU PERDU

Porteront rameaux ceux dont l'endurance sait user la nuit noueuse qui précède et suit l'éclair. Leur parole reçoit existence du fruit intermittent qui la propage en se dilacérant. Ils sont les fils incestueux de l'entaille et du signe, qui élevèrent aux margelles le cercle en fleurs de la jarre du ralliement. La rage des vents les maintient encore dévêtus. Contre eux vole un duvet de nuit noire.

CÉLÉBRER GIACOMETTI

En cette fin d'après-midi d'avril 1964 le vieil aigle despote, le maréchal-ferrant agenouillé, sous le nuage de feu de ses invectives (son travail, c'est-à-dire lui-même, il ne cessa de le fouetter d'offenses), me découvrit, à même le dallage de son atelier, la figure de Caroline, son modèle, le visage peint sur toile de Caroline — après combien de coups de griffes, de blessures, d'hématomes? —, fruit de passion entre tous les objets d'amour, victorieux du faux gigantisme des déchets additionnés de la mort, et aussi des parcelles lumineuses à peine séparées, de nous autres, ses témoins temporels. Hors de son alvéole de désir et de cruauté. Il se réfléchissait, ce beau visage sans antan qui allait tuer le sommeil, dans le miroir de notre regard, provisoire receveur universel pour tous les yeux futurs.

SEPTENTRION

— Je me suis promenée au bord de la Folie. —

Aux questions de mon cœur,
S'il ne les posait point,
Ma compagne cédait,
Tant est inventive l'absence.
Et ses yeux en décrue comme le Nil violet
Semblaient compter sans fin leurs gages s'allongeant
Dessous les pierres fraîches.

La Folie se coiffait de longs roseaux coupants.
Quelque part ce ruisseau vivait sa double vie.
L'or cruel de son nom soudain envahisseur
Venait livrer bataille à la fortune adverse.

LIED DU FIGUIER

Tant il gela que les branches laiteuses
Molestèrent la scie, se cassèrent aux mains.
Le printemps ne vit pas verdir les gracieuses.

Le figuier demanda au maître du gisant
L'arbuste d'une foi nouvelle.
Mais le loriot, son prophète,
L'aube chaude de son retour,
En se posant sur le désastre,
Au lieu de faim, périt d'amour.

AIGUEVIVE

La reculée aux sources : devant les arbustes épineux, sur un couloir d'air frais, un blâme-barrière arrête l'assoiffé. Les eaux des mécénats printaniers et l'empreinte du visage provident vaguent, distantes, par l'impraticable delta.

Revers des sources : pays d'amont, pays sans biens, hôte pelé, je roule ma chance vers vous. M'étant trop peu soucié d'elle, elle irriguait, besogne plane, le jardin de vos ennemis. La faute est levée.

LE VILLAGE VERTICAL

Tels des loups ennoblis
Par leur disparition,
Nous guettons l'an de crainte
Et de libération.

Les loups enneigés
Des lointaines battues,
A la date effacée.

Sous l'avenir qui gronde,
Furtifs, nous attendons,
Pour nous affilier,
L'amplitude d'amont.

Nous savons que les Choses arrivent
Soudainement,
Sombres ou trop ornées.

Le dard qui liait les deux draps
Vie contre vie, clameur et mont,
Fulgura.

LE JUGEMENT D'OCTOBRE

Joue contre joue deux gueuses en leur détresse roidie;
La gelée et le vent ne les ont point instruites, les ont
    négligées;
Enfants d'arrière-histoire
Tombées des saisons dépassantes et serrées là debout.
Nulles lèvres pour les transposer, l'heure tourne.
Il n'y aura ni rapt, ni rancune.
Et qui marche passe sans regard devant elles, devant
    nous.
Deux roses perforées d'un anneau profond
Mettent dans leur étrangeté un peu de défi.
Perd-on la vie autrement que par les épines?
Mais par la fleur, les longs jours l'ont su!
Et le soleil a cessé d'être initial.
Une nuit, le jour bas, tout le risque, deux roses,
Comme la flamme sous l'abri, joue contre joue avec
    qui la tue.

LENTEUR DE L'AVENIR

Il faut escalader beaucoup de dogmes et de glace pour jouer de bonheur et s'éveiller rougeur sur la pierre du lit.

Entre eux et moi il y eut longtemps comme une haie sauvage dont il nous était loisible de recueillir les aubépines en fleurs, et de nous les offrir. Jamais plus loin que la main et le bras. Ils m'aimaient et je les aimais. Cet obstacle *pour le vent* où échouait ma pleine force, quel était-il? Un rossignol me le révéla, et puis une charogne.

La mort dans la vie, c'est inalliable, c'est répugnant; la mort avec la mort, c'est approchable, ce n'est rien, un ventre peureux y rampe sans trembler.

J'ai renversé le dernier mur, celui qui ceinture les nomades des neiges, et je vois — ô mes premiers parents — l'été du chandelier.

Notre figure terrestre n'est que le second tiers d'une poursuite continue, un point, amont.

LE BANC D'OCRE

Par une terre d'Ombre et de rampes sanguines nous retournions aux rues. Le timon de l'amour ne nous dépassait pas, ne gagnait plus sur nous. Tu ouvris ta main et m'en montras les lignes. Mais la nuit s'y haussait. Je déposai l'infime ver luisant sur le tracé de vie. Des années de gisant s'éclairèrent soudain sous ce fanal vivant et altéré de nous.

FAIM ROUGE

Tu étais folle.

Comme c'est loin!

Tu mourus, un doigt devant ta bouche,
Dans un noble mouvement,
Pour couper court à l'effusion;
Au froid soleil d'un vert partage.

Tu étais si belle que nul ne s'aperçut de ta mort.
Plus tard, c'était la nuit, tu te mis en chemin avec moi.

Nudité sans méfiance,
Seins pourris par ton cœur.

A l'aise en ce monde occurrent,
Un homme, qui t'avait serrée dans ses bras,
Passa à table.

Sois bien, tu n'es pas.

SERVANTE

Tu es une fois encore la bougie où sombrent les
ténèbres autour d'un nouvel insurgé, Toi sur qui se
lève un fouet qui s'emporte à ta clarté qui pleure.

LUTTEURS

Dans le ciel des hommes, le pain des étoiles me
sembla ténébreux et durci, mais dans leurs mains
étroites je lus la joute de ces étoiles en invitant
d'autres : émigrantes du pont encore rêveuses; j'en
recueillis la sueur dorée, et par moi la terre cessa de
mourir.

DÉSHÉRENCE

La nuit était ancienne
Quand le feu l'entrouvrit.
Ainsi de ma maison.

On ne tue point la rose
Dans les guerres du ciel.
On exile une lyre.

Mon chagrin persistant,
D'un nuage de neige
Obtient un lac de sang.
Cruauté aime vivre.

O source qui mentis
A nos destins jumeaux,
J'élèverai du loup
Ce seul portrait pensif!

DERNIÈRE MARCHE

Oreiller rouge, oreiller noir,
Sommeil, un sein sur le côté,
Entre l'étoile et le carré,
Que de bannières en débris!

Trancher, en finir avec vous,
Comme le moût est à la cuve,
Dans l'espoir de lèvres dorées.

Moyeu de l'air fondamental
Durcissant l'eau des blancs marais,
Sans souffrir, enfin sans souffrance,
Admis dans le verbe frileux,
Je dirai : « Monte » au cercle chaud.

BOUT DES SOLENNITÉS

Affermi par la bonté d'un fruit hivernal, je rentrai le feu dans la maison. La civilisation des orages gouttait à la génoise du toit. Je pourrai à loisir haïr la tradition, rêver au givre des passants sur des sentiers peu vétilleux. Mais confier à qui mes enfants jamais nés? La solitude était privée de ses épices, la flamme blanche s'enlisait, n'offrant de sa chaleur que le geste expirant.

Sans solennité je franchis ce monde muré : j'aimerai sans manteau ce qui tremblait sous moi.

LE GAUCHER

On ne se console de rien lorsqu'on marche en tenant une main, la périlleuse floraison de la chair d'une main.

L'obscurcissement de la main qui nous presse et nous entraîne, innocente aussi, l'odorante main où nous nous ajoutons et gardons ressource, ne nous évitant pas le ravin et l'épine, le feu prématuré, l'encerclement des hommes, cette main préférée à toutes, nous enlève à la duplication de l'ombre, au jour du soir. Au jour brillant au-dessus du soir, froissé son seuil d'agonie.

L'OUEST DERRIÈRE SOI PERDU

L'ouest derrière soi perdu, présumé englouti, touché de rien, hors-mémoire, s'arrache à sa couche elliptique, monte sans s'essouffler, enfin se hisse et rejoint. Le point fond. Les sources versent. Amont éclate. Et en bas le delta verdit. Le chant des frontières s'étend jusqu'au belvédère d'aval. Content de peu est le pollen des aulnes.

Dans la pluie giboyeuse

Où passer nos jours à présent?

Parmi les éclats incessants de la hache devenue folle à son tour?

Demeurons dans la pluie giboyeuse et nouons notre souffle à elle. Là, nous ne souffrirons plus rupture, dessèchement ni agonie ; nous ne sèmerons plus devant nous notre contradiction renouvelée, nous ne sécrèterons plus la vacance où s'engouffrait la pensée, mais nous maintiendrons ensemble sous l'orage à jamais habitué, nous offrirons à sa brouillonne fertilité, les puissants termes ennemis, afin que buvant à des sources grossies ils se fondent en un inexplicable limon.

BUVEUSE

Pourquoi délivrer encore les mots de l'avenir de soi maintenant que toute parole vers le haut est bouche de fusée jappante, que le cœur de ce qui respire est chute de puanteur?

Afin de t'écrier dans un souffle : « D'où venez-vous, buveuse, sœur aux ongles brûlés? Et qui contentez-vous? Vous ne fûtes jamais au gîte parmi vos épis. Ma faux le jure. Je ne vous dénoncerai pas, je vous précède. »

D'UN MÊME LIEN

Atome égaré, arbrisseau,
Tu grandis, j'ai droit de parcours.
A l'enseigne du pré qui boit,
Peu instruits nous goûtions, enfants,
De pures clartés matinales.
L'amour qui prophétisa
Convie le feu à tout reprendre.

O fruit envolé de l'érable
Ton futur est un autrefois.
Tes ailes sont flammes défuntes,
Leur morfil amère rosée.
Vient la pluie de résurrection!
Nous vivons, nous, de ce loisir,
Lune et soleil, frein ou fouet,
Dans un ordre halluciné.

LE TERME ÉPARS

Si tu cries, le monde se tait : il s'éloigne avec ton propre monde.

Donne toujours plus que tu ne peux reprendre. Et oublie. Telle est la voie sacrée.

Qui convertit l'aiguillon en fleur arrondit l'éclair

La foudre n'a qu'une maison, elle a plusieurs sentiers. Maison qui s'exhausse, sentiers sans miettes.

Petite pluie réjouit le feuillage et passe sans se nommer.

Nous pourrions être des chiens commandés par des serpents, ou taire ce que nous sommes.

Le soir se libère du marteau, l'homme reste enchaîné à son cœur.

L'oiseau sous terre chante le deuil sur la terre.

Vous seules, folles feuilles, remplissez votre vie.

Un brin d'allumette suffit à enflammer la plage où vient mourir un livre.

L'arbre de plein vent est solitaire. L'étreinte du vent l'est plus encore.

Comme l'incurieuse vérité serait exsangue s'il n'y avait pas ce brisant de rougeur au loin où ne sont point gravés le doute et le dit du présent. Nous avançons, abandonnant toute parole en nous le promettant.

PLEIN EMPLOI

Pervenche des mers et leur affidée,
Au métier des veines s'étend mon lacis.
Je trouble les faibles, j'irrite les forts.
La grotte où je tisse a la dimension
D'un pressoir à fruits exprimant sa soif.
Je suis la bonté, la pieuvre du cœur.

MAURICE BLANCHOT,
NOUS N'EUSSIONS AIMÉ RÉPONDRE...

Nous n'eussions aimé répondre qu'à des questions muettes, à des préparatifs de mouvement. Mais il y eut cette impromptue et fatale transgression...

L'infini irrésolu et incompris : un tout établi, accédant et n'accédant pas, comme la mort, comme un ailleurs qu'à l'air captif un feu récite.

Le temps est proche où ce qui sut demeurer inexplicable pourra seul nous requérir.

Rejeter l'avenir au large de soi pour le maintien d'une endurance, le déploiement d'une fumée.

Tu déploies tes irrésistibles refus, terre. Tu as broyé, enseveli, ratissé! Ce que nous récusons, dont l'impudence nous désœuvre, n'obtiendra pas de toi son sursis.

La nuit où la mort nous recevra sera plane et sans tare; le peu de sirocco autrefois réparti par les dieux devenant un souffle frais, distinct de celui qui, le premier, était éclos de nous.

Il maintint la rose au sommet jusqu'à la fin des protestations.

LE RAMIER

Il gît, plumes contre terre et bec dans le mur.
Père et mère
Le poussèrent hors du nid quadrillé,
L'offrirent au chat de la mort.

J'ai tant haï les monstres véloces
Que de toi j'ai fait mon conscrit à l'œil nu
Jeune ramier, misérable oiseau.
Deux fois l'an nous chantons la forêt partenaire,
La herse du soleil, la tuile entretenue.

Nous ne sommes plus souffre-douleur des antipodes.
Nous rallions nos pareils
Pour éteindre la dette
D'un volet qui battait
Généreux, généreux.

TABLES DE LONGÉVITÉ

En la matière sèche du temps qui avant de nous anéantir déjà nous décime, ceux qui ont donné la mort expient en donnant le bonheur, un bonheur qu'ils n'éprouvent ni ne partagent. Ils n'ont à eux que le feu d'un mot inaltérable courant dans le dos de l'abîme et mal résigné à la fantasque oppression. La balance d'airain consentirait-elle à les remettre à l'innocence, que l'hôte auquel ils appartiennent les distinguerait encore là, nus, destitués, fascinants, dans l'incapacité de jouir du mot virtuel.

Quand il y a de moins en moins d'espace entre l'infini et nous, entre le soleil libertaire et le soleil procureur, nous sommes sur le banc de la nuit.

La cloche du pur départ ne tinte qu'en pays incréé ou follement agonisant.

L'âge d'or n'était qu'un crime différé.

Fugitifs qui tournent en ignorant leur parabole.

Nous ne sommes pas assez lents ni écartés du feu ancien pour atteler nos vérités à leur démence.

Souvenez-vous de cet homme comme d'un bel oiseau sans tête, aux ailes tendues dans le vent. Il n'est qu'un serpent à genoux.

FLORAISON SUCCESSIVE

La chaude écriture du lierre
Séparant le cours des chemins
Observait une marge claire
Où l'ivraie jetait ses dessins.

Nous précédions, bonne poussière,
D'un pied neuf ou d'un pas chagrin.

L'heure venue pour la fleur de s'épandre,
La juste ligne s'est brisée.
L'ombre, d'un mur, ne sut descendre;
Ne donnant pas, la main dut prendre;
Dépouillée, la terre plia.

La mort où s'engouffre le Temps
Et la vie forte des murailles,
Seul le rossignol les entend
Sur les lignes d'un chant qui dure
Toute la nuit si je prends garde.

COTES

Ces certitudes *distraites*, elles sont nos fondations. Nous ne pouvons les nommer, les produire et encore moins les céder. Sont-elles antérieures à nous? Datent-elles d'avant la parole et d'avant la peur? Et vont-elles cesser avec nous? A la fourche de notre branche, une toute récente sève les attend pour les saisir et pour les confirmer.

Quelques êtres ne sont ni dans la société ni dans une rêverie. Ils appartiennent à un destin isolé, à une espérance inconnue. Leurs actes apparents semblent antérieurs à la première inculpation du temps et à l'insouciance des cieux. Nul ne s'offre à les appointer. L'avenir fond devant leur regard. Ce sont les plus nobles et les plus inquiétants.

Cahier des émeutes, le cœur nourrit ce qu'il éclaire et reçoit de ce qu'il sert le cintre de sa rougeur. Mais l'espace où il s'incorpore lui est chaque nuit plus hostile. O la percutante, la ligneuse douleur!

Bientôt on ne voit plus mourir mais naître et grandir. Nos yeux sous notre front ont passé. Par contre, les yeux dans notre dos sont devenus immenses. La roue et son double horizon, l'un à présent très large et l'autre inexistant, vont achever leur tour.

Si l'on ne peut informer l'avenir à l'aide d'une grande bataille, il faut laisser des traces de combat. Les vraies victoires ne se remportent qu'à long terme et le front contre la nuit.

Méfiez-vous de moi comme je me méfie de moi, car je ne suis pas sans recul.

Nous avons les mains libres pour unir en un nouveau contrat la gerbe et la disgrâce dépassées. Mais la lenteur, la sanguinaire lenteur, autant que le pendule emballé, sur quels doigts se sont-ils rejoints ?

SORTIE

Ineffable rigueur
Qui maintint nos vergers,
Dors mais éveille-moi.

C'était, ce sera
La lune de silex,
Un quartier battant l'autre,
Tels les amants unis
Que nous répercutons
En mille éclats distants.

Qui supporte le mal
Sous ses formes heureuses ?
Fin de règne :
Levée des jeunesses.

Ineffable rigueur
Qui maintint nos vergers,
Tout offrir c'est jaillir de toi.

A M. H.

11 septembre 1966.

L'automne va plus vite, en avant, en arrière, que le râteau du jardinier. L'automne ne se précipite pas sur le cœur qui exige la branche avec son ombre.

POSSESSIONS EXTÉRIEURES

Parmi tout ce qui s'écrit hors de notre attention, l'infini du ciel, avec ses défis, son roulement, ses mots innombrables, n'est qu'une phrase un peu plus longue, un peu plus haletante que les autres.

Nous la lisons en chemin, par fragments, avec des yeux usés ou naissants, et donnons à son sens ce qui nous semble irrésolu et en suspens dans notre propre signification. Ainsi trouvons-nous la nuit différente, hors de sa chair et de la nôtre, enfin solidairement endormie et rayonnante de nos rêves. Ceux-ci s'attendent, se dispersent sans se souffrir enchaînés. Ils ne cessent point de l'être.

LA SCIE RÊVEUSE

S'assurer de ses propres murmures et mener l'action jusqu'à son verbe en fleur. Ne pas tenir ce bref feu de joie pour mémorable.

Cessons de lancer nos escarbilles au visage des dieux faillis. C'est notre regard qui s'emplit de larmes. Il en est qui courent encore, amants tardifs de l'espace et du retrait. Ainsi, dieux improbables, se veulent-ils peu diligents dans la maison mais empressés dans l'étendue.

Loi de rivière, loi au juste report, aux pertes compensées mais aux flancs déchirés, lorsque l'ambitieuse maison d'esprit croula, nous te reconnûmes et te trouvâmes bonne.

Souffle au sommeil derrière ses charrues : « Halte un moment : le lit n'est pas immense! »

Entends le mot accomplir ce qu'il dit. Sens le mot être à son tour ce que tu es. Et son existence devient doublement la tienne.
Seule des autres pierres, la pierre du torrent a le contour rêveur du visage enfin rendu.

TRADITION DU MÉTÉORE

Espoir que je tente
La chute me boit.

Où la prairie chante
Je suis, ne suis pas.

Les étoiles mentent
Aux cieux qui m'inventent.

Nul autre que moi
Ne passe par là,

Sauf l'oiseau de nuit
Aux ailes traçantes.

*

Pâle chair offerte
Sur un lit étroit.

Aigre chair défaite,
Sombre au souterrain.

Reste à la fenêtre
Où ta fièvre bat,

O cœur volontaire,
Coureur qui combats!

Sur le gel qui croît,
Tu es immortel.

SUR UN MÊME AXE

Justesse de Georges de La Tour

26 janvier 1966.

L'unique condition pour ne pas battre en inter-
minable retraite était d'entrer dans le cercle de la
bougie, de s'y tenir, en ne cédant pas à la tentation
de remplacer les ténèbres par le jour et leur éclair
nourri par un terme inconstant.

*

Il ouvre les yeux. C'est le jour, dit-on. Georges de
La Tour sait que la brouette des maudits est partout
en chemin avec son rusé contenu. Le véhicule s'est
renversé. Le peintre en établit l'inventaire. Rien de
ce qui infiniment appartient à la nuit et au suif
brillant qui en exalte le lignage ne s'y trouve mélangé.
Le tricheur, entre l'astuce et la candeur, la main au
dos, tire un as de carreau de sa ceinture; des men-
diants musiciens luttent, l'enjeu ne vaut guère plus
que le couteau qui va frapper; la bonne aventure

70

n'est pas le premier larcin d'une jeune bohémienne détournée; le joueur de vielle, syphilitique, aveugle, le cou flaqué d'écrouelles, chante un purgatoire inaudible. C'est le jour, l'exemplaire fontainier de nos maux. Georges de La Tour ne s'y est pas trompé.

II

Ruine d'Albion

24 février 1966.

Que les perceurs de la noble écorce terrestre d'Albion mesurent bien ceci : nous nous battons pour un *site* où la neige n'est pas seulement la louve de l'hiver mais aussi l'aulne du printemps. Le soleil s'y lève sur notre sang exigeant et l'homme n'est jamais en prison chez son semblable. A nos yeux ce *site* vaut mieux que notre pain, car il ne peut être, lui, remplacé.

JEU MUET

Avec mes dents
J'ai pris la vie
Sur le couteau de ma jeunesse.
Avec mes lèvres aujourd'hui,
Avec mes lèvres seulement...

Courte parvenue,
La fleur des talus,
Le dard d'Orion,
Est réapparu.

RÉMANENCE

A Louis Fernandez.

De quoi souffres-tu? Comme si s'éveillait dans la maison sans bruit l'ascendant d'un visage qu'un aigre miroir semblait avoir figé. Comme si, la haute lampe et son éclat abaissés sur une assiette aveugle, tu soulevais vers ta gorge serrée la table ancienne avec ses fruits. Comme si tu revivais tes fugues dans la vapeur du matin à la rencontre de la révolte tant chérie, elle qui sut, mieux que toute tendresse, te secourir et t'élever. Comme si tu condamnais, tandis que ton amour dort, le portail souverain et le chemin qui y conduit.

De quoi souffres-tu?

De l'irréel intact dans le réel dévasté. De leurs détours aventureux cerclés d'appels et de sang. De ce qui fut choisi et ne fut pas touché, de la rive du bond au rivage gagné, du présent irréfléchi qui disparaît. D'une étoile qui s'est, la folle, rapprochée et qui va mourir avant moi.

COURS DES ARGILES

Vois bien, portier aigu, du matin au matin,
Longues, lovant leur jet, les ronces frénétiques,
La terre nous presser de son regard absent,
La douleur s'engourdir, grillon au chant égal,
Et un dieu ne saillir que pour gonfler la soif
De ceux dont la parole aux eaux vives s'adresse.

Dès lors réjouis-toi, chère, au destin suivant :
Cette mort ne clôt pas la mémoire amoureuse.

DYNE

Passant l'homme extensible et l'homme transpercé, j'arrivai devant la porte de toutes les allégresses, celle du Verbe descellé de ses restes mortels, faisant du neuf, du feu avec la vérité, et fort de ma verte créance je frappai.

Ainsi atteindras-tu au pays lavé et désert de ton défi. Jusque-là, sans calendrier, tu l'édifieras. Sévère vanité! Mais qui eût parié et opté pour toi, des sites immémoriaux à la lyre fugitive du père?

BIENVENUE

Ah! que tu retournes à ton désordre, et le monde
au sien. L'asymétrie est jouvence. On ne garde
l'ordre que le temps d'en haïr l'état de pire. Alors
en toi s'excitera le désir de l'avenir, et chaque barreau
de ton échelle inoccupée et tous les traits refoulés
de ton essor te porteront, t'élèveront d'un même
sentiment joyeux. Fils de l'ode fervente, tu abjureras
la gigantesque moisissure. Les solstices fixent la
douleur diffuse en un dur joyau diamantin. L'enfer
à leur mesure que les râpeurs de métaux s'étaient
taillé, redescendra vaincu dans son abîme. Devant
l'oubli nouveau, le seul nuage au ciel sera le soleil.

Mentons en espoir à ceux qui nous mentent : que
l'immortalité inscrite soit à la fois la pierre et la
leçon.

REDOUBLEMENT

Sur la médiane du soir, le branle intermittent, le môle éclairé d'une darse, et son refus de sommeil.

Le visage de la mort et les paroles de l'amour : la couche d'une plage sans fin avec des vagues y précipitant des galets — sans fin. Et la pluie apeurée faisant pont, pour ne pas apaiser.

L'ABRI RUDOYÉ

De tout temps j'ai aimé sur un chemin de terre la proximité d'un filet d'eau tombé du ciel qui vient et va se chassant seul et la tendre gaucherie de l'herbe médiane qu'une charge de pierres arrête comme un revers obscur met fin à la pensée.

PERMANENT INVISIBLE

Permanent invisible aux chasses convoitées,
Proche, proche invisible et si proche à mes doigts,
O mon distant gibier la nuit où je m'abaisse
Pour un novice corps à corps.
Boire frileusement, être brutal répare.
Sur ce double jardin s'arrondit ton couvercle.
Tu as la densité de la rose qui se fera.

NI ÉTERNEL NI TEMPOREL

O le blé vert dans une terre qui n'a pas encore sué, qui n'a fait que grelotter! A distance heureuse des soleils précipités des fins de vie. Rasant sous la longue nuit. Abreuvé d'eau sur sa lumineuse couleur. Pour garde et pour viatique deux poignards de chevet : l'alouette, l'oiseau qui se pose, le corbeau, l'esprit qui se grave.

Le chien de cœur

Dans la nuit du 3 au 4 mai 1968 la foudre que j'avais si souvent regardée avec envie dans le ciel éclata dans ma tête, m'offrant sur un fond de ténèbres propres à moi le visage aérien de l'éclair emprunté à l'orage le plus matériel qui fût. Je crus que la mort venait, mais une mort où, comblé par une compréhension sans exemple, j'aurais encore un pas à faire avant de m'endormir, d'être rendu éparpillé à l'univers pour toujours. Le chien de cœur n'avait pas geint.

La foudre et le sang, je l'appris, sont un.

CRIBLE

Plus il comprend, plus il souffre. Plus il sait, plus il est déchiré. Mais sa lucidité est à la mesure de son chagrin et sa ténacité à celle de son désespoir.

Le désir ne sème ni ne moissonne, ne succède qu'à lui et n'appartient qu'à lui. Il se désigne cependant comme le créancier absolu.

Jeunes, à la minute, vous seuls savez dire la vérité, en dessiner l'initial, l'imprévoyant sourire.

On ne contourne pas, on passe. On doit passer, on touche au terme. L'étendue de futur dont le cœur s'entourait s'est repliée.

Un murmure d'amour, un murmure de haine. Il ne se dérobait pas, s'enfonçant dans le dédale et l'invisibilité d'une âpre pauvreté, d'un secret martial, pour ne plus les entendre.

Paresseusement s'effaçait de la corniche du toit la fable d'enfance de l'hirondelle successive.

ENCART

Les routes qui ne promettent pas le pays de leur destination sont les routes aimées.

La générosité est une proie facile. Rien n'est plus attaqué, confondu, diffamé qu'elle. Générosité qui crée nos bourreaux futurs, nos resserrements, des rêves écrits à la craie, mais aussi la chaleur qui une fois reçoit et, deux fois, donne.

Il n'y a plus de peuple-trésor, mais, de proche en proche, le savoir vivre infini de l'éclair pour les survivants de ce peuple.

La pluie, école de croissance, rapetisse la vitre par où nous l'observons.

Nous demandons à l'imprévisible de décevoir l'attendu. Deux étrangers acharnés à se contredire — et à se fondre ensemble si leur rencontre aboutissait!

En amour, en poésie, la neige n'est pas la louve de janvier mais la perdrix du renouveau.

LES APPARITIONS DÉDAIGNÉES

Les civilisations sont des graisses. L'Histoire échoue, Dieu faute de Dieu n'enjambe plus nos murs soupçonneux, l'homme feule à l'oreille de l'homme, le Temps se fourvoie, la fission est en cours. Quoi encore ?

La science ne peut fournir à l'homme dévasté qu'un phare aveugle, une arme de détresse, des outils sans légende. Au plus dément : le sifflet de manœuvres.

Ceux qui ont installé l'éternel compensateur, comme finalité triomphale du temporel, n'étaient que des geôliers de passage. Ils n'avaient pas surpris la nature tragique, intervallaire, saccageuse, comme en suspens, des humains.

Lumière pourrissante, l'obscurité ne serait pas la pire condition.

Il n'y avait qu'une demi-liberté. Tel était l'octroi extrême. Demi-liberté pour l'homme en mouvement.

Demi-liberté pour l'insecte qui dort et attend dans la chrysalide. Fantôme, tout juste souvenir, la liberté dans l'émeute. La liberté était au sommet d'une masse d'obéissances dissimulées et de conventions acceptées sous les traits d'un leurre irréprochable.

La liberté se trouve dans le cœur de celui qui n'a cessé de la vouloir, de la rêver, l'a obtenue contre le crime.

MÊME SI...

De même qu'il y a plusieurs nuits différentes dans l'espace, il y a plusieurs dieux sur les plages du jour. Mais ils sont si étalés qu'entre souffle et ressaut une vie s'est passée.

Les dieux ne déclinent ni ne meurent, mais par un mouvoir impérieux et cyclique, comme l'océan, se retirent. On ne les approche, parmi les trous d'eau, qu'ensevelis.

Meilleur fils du vieux disque solaire et au plus près de sa céleste lenteur. Cette envie substantielle se répéta, se répéta, puis sa tache se perdit.

Nuit à loisir recerclée, qui *nous* joue?

LE BAISER

Massive lenteur, lenteur martelée;
Humaine lenteur, lenteur débattue;
Déserte lenteur, reviens sur tes feux;
Sublime lenteur, monte de l'amour :
La chouette est de retour.

En cette fin des Temps aux travestis enfantins, c'est à une lumière du crépuscule, non fautive, *que nous vouâmes notre franchise. Lumière qui ne se contractait pas en se retirant, mais demeurait là, nue, agrandie, péremptoire, se brisant de toutes ses artères contre nous.*

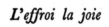

L'effroi la joie

Enchemisé dans les violences de sa nuit, le corps de notre vie est pointillé d'une infinité de parcelles lumineuses coûteuses. Ah! quel sérail.

HÔTE ET POSSÉDANT

Qu'est-ce qui nous consolerait? Quel besoin de l'être? L'homme et le temps nous ont tout révélé. Le temps n'est point votif et l'homme n'accomplit que des desseins ruineux.

Désir d'un cœur dont le seuil ne se modifie pas.

Nous allions prendre ce que nous convoitions. Mais la main qui brillait se rendait, semblait laide.

A verte fontaine, fruits souvent meurtris.

Notre sommeil était un loup entre deux attaques.

Nous avions allongé puissamment le chemin. Ne menait nulle part. Nous avions multiplié les étincelles. Enfin où menait-il? Aux brumes dissipées, au brouillard rappelé. Et la nature entière était frappée de pandémie.

Le meilleur était durant quelque moment le crime en personne.

Astres et désastres, comiquement, se sont toujours fait face en leur disproportion.

Des hommes de proie bien civilisés s'employaient à mettre le masque de l'attente fortunée sur le visage hébété du malheur. O les termes de leur invitation! O le galbe porcin de leur prospérité!

Seul, de nouveau, avec cet appelant au loin, si évasif?

Temps, mon possédant et mon hôte, à qui offres-tu, s'il en est, les jours heureux de tes fontaines? A celui qui vient en secret, avec son odeur fauve, les vivre auprès de toi, sans fausseté, et pourtant trahi par ses plaies irréparables?

COUCHE

Nous ne sommes pas une franche volonté, mais l'instrument dévié d'une volonté perfide interposée entre l'obscurité et nous, entre la vigueur le désir et le loyal terme solaire.

Un jour, maudit entre tous, le prêt devint propriété et le don lieu de ruines.

Il ne faut pas offrir la fleur au fruit. A bout d'espoir, il s'y glisserait.

La parole dépourvue de sens annonce toujours un bouleversement prochain. Nous l'avons appris. Elle en était le miroir anticipé.

La terre, ses brouillons de fortune, l'infini, l'indéfini, une impropre souveraineté, l'amour inséparable de ses meurtriers, se consument ensemble et en nous. L'ombre du temps couvre ce secret.

J'ai vécu dehors, exposé à toutes sortes d'intempéries. L'heure est venue pour moi de rentrer, ô rire d'ardoise! dans un livre ou dans la mort.

À L'HEURE OÙ LES ROUTES
METTENT EN PIÈCES LEUR TENDRE DON

Se produisit aux premiers âges : feu bien à l'aile, volonté non errante. Félicité des suites? Se représentera. Inaptitude à cette date-ci : nous naissons avec le crépuscule et disparaissons à la nuit.

AVERSIONS

Le pays natal est un allié diminué. Sinon il nous entretiendrait de ses revers et de sa fatuité.

Pistes, sentiers, chemins et routes ne s'accordent pas sur les mêmes maisons, choisissent d'autres habitants, rendent compte à des yeux différents.

La question à se poser sans cesse : par où et comment rendre la nuit du rêve aux hommes ? Et pour tromper l'horreur dont ils sont visités : à l'aide de quelle matière surnaturelle, de quel futur et millénaire amour ?

Ne pas donner à l'oiseau plus d'ailes qu'il n'en peut. Pour son malheur il nous égalerait.

Dans les lieux d'épouvante qu'il s'apprête à conquérir, l'orgueilleux se fait précéder d'une fusée. Le désespoir aussi. Sans lustre.

BONS VOISINS

Nous avons répété tout seuls la leçon de vol de nos parents. Leur hâte à se détacher de nous n'avait d'égale que leur fièvre à se retrouver deux, à redevenir le couple impérieux qu'ils semblaient former à l'écart; et rien que lui. Abandon à nos chances, à leur contraire? Eux partis, nous nous rendîmes compte qu'au lieu de nous lancer vers l'avant, leur leçon enflammait nos faiblesses, portait sur des points dont la teneur, d'un temps à un autre, avait changé. L'art qui naît du besoin, à la seconde où le besoin en est distrait, est un vivre concordant entre la montagne et l'oiseau.

ALIÉNÉS

De l'ombre où nous nous tenions, les doigts noués, sans nourriture, nous discernions le globe coloré des fruits les mieux dotés se glissant hors des feuilles. Leur maturité jaillissait du volume des arbres, en exaltait les noms brillamment reparus. Notre présence, arrêtée là, éloignait les prétendants. Ces fruits, comme dédaignés, s'abaisseraient jusqu'à leur pourriture finale devant notre amour immodeste auquel ils n'avaient su ni pu succéder.

FOSSILE SANGUINAIRE

L'ennemi, nous supprimant, eût abrégé un supplice dont il n'était ni l'auteur ni l'inventeur. Tout au plus le servant occasionnel. Supplice dont la décision provenait on ne sait d'où et qui étendait sa toute-puissance attractive aux liens et aux états qui nous étaient assignés.

Rebelle à cela, étais-je, non providentiel mais demeurant. O promptitude jeune et vieille!

JOIE

Comme tendrement rit la terre quand la neige
s'éveille sur elle! Jour sur jour, gisante embrassée,
elle pleure et rit. Le feu qui la fuyait l'épouse, à peine
a disparu la neige.

Contre une maison sèche

S'il te faut repartir, prends appui contre une maison sèche. N'aie point souci de l'arbre grâce auquel, de très loin, tu la reconnaîtras. Ses propres fruits le désaltéreront.

Levé avant son sens, un mot nous éveille, nous prodigue la clarté du jour, un mot qui n'a pas rêvé.

Espace couleur de pomme. Espace, brûlant compo-
tier.

Aujourd'hui est un fauve. Demain verra son bond.

Mets-toi à la place des dieux et regarde-toi. Une seule fois en naissant échangé, corps sarclé où l'usure échoue, tu es plus invisible qu'eux. Et tu te répètes moins.

La terre a des mains, la lune n'en a pas. La terre est meurtrière, la lune désolée.

La liberté c'est *ensuite* le vide, un vide à désespérément recenser. Après, chers emmurés éminentissimes, c'est la forte odeur de votre dénouement. Comment vous surprendrait-elle?

Faut-il l'aimer ce nu altérant, lustre d'une vérité au cœur sec, au sang convulsif!

Avenir déjà raturé! Monde plaintif!

Quand le masque de l'homme s'applique au visage de la terre, elle a les yeux crevés.

Sommes-nous hors de nos gonds pour toujours? Repeints d'une beauté sauve?

J'aurais pu prendre la nature comme partenaire et danser avec elle à tous les bals. Je l'aimais. Mais deux ne s'épousent pas aux vendanges.

Mon amour préférait le fruit à son fantôme. J'unissais l'un à l'autre, insoumis et courbé.

Trois cent soixante-cinq nuits sans les jours, bien massives, c'est ce que je souhaite aux haïsseurs de la nuit.

Ils vont nous faire souffrir, mais nous les ferons souffrir. Il faudrait dire à l'or qui roule : « Venge-toi. » Au temps qui désunit : « Serai-je avec qui j'aime ? O, ne pas qu'entrevoir ! »

Sont venus des tranche-montagnes qui n'ont que ce que leurs yeux saisissent pour eux. Individus prompts à terroriser.

N'émonde pas la flamme, n'écourte pas la braise en son printemps. Les migrations, par les nuits froides, ne s'arrêteraient pas à ta vue.

Nous éprouvons les insomnies du Niagara et cherchons des terres émues, des terres propres à émouvoir une nature à nouveau enragée.

Le peintre de Lascaux, Giotto, Van Eyck, Uccello, Fouquet, Mantegna, Cranach, Carpaccio, Georges de La Tour, Poussin, Rembrandt, laines de mon nid rocheux.

Nos orages nous sont essentiels. Dans l'ordre des douleurs la société n'est pas fatalement fautive, malgré ses étroites places, ses murs, leur écroulement et leur restauration alternés.

On ne peut se mesurer avec l'image qu'autrui se fait de nous, l'analogie bientôt se perdrait.

Nous passerons de la mort imaginée aux roseaux de la mort vécue nûment. La vie, par abrasion, se distrait à travers nous.

La mort ne se trouve ni en deçà, ni au-delà. Elle est à côté, industrieuse, infime.

Je suis né et j'ai grandi parmi des contraires tangibles à tout moment, malgré leurs exactions spacieuses et les coups qu'ils se portaient. Je courus les gares.

Cœur luisant n'éclaire pas que sa propre nuit. Il redresse le peu agile épi.

Il en est qui laissent des poisons, d'autres des remè-
des. Difficiles à déchiffrer. Il faut goûter.

*Le oui, le non immédiats, c'est salubre en dépit des correc-
tions qui vont suivre.*

Au séjour supérieur, nul invité, nul partage :
l'urne fondamentale. L'éclair trace le présent, en
balafre le jardin, poursuit, sans assaillir, son exten-
sion, ne cessera de paraître comme d'avoir été.

*Les favorisés de l'instant n'ont pas vécu comme nous
avons osé vivre, sans crainte du voilement de notre imagi-
nation, par tendresse d'imagination.*

Nous ne sommes tués que par la vie. La mort est l'hôte. Elle délivre la maison de son enclos et la pousse à l'orée du bois.

Soleil jouvenceau, je te vois ; mais là où tu n'es plus.

Qui croit renouvelable l'énigme, la devient. Escaladant librement l'érosion béante, tantôt lumineux, tantôt obscur, savoir sans fonder sera sa loi. Loi qu'il observera mais qui aura raison de lui; fondation dont il ne voudra pas mais qu'il mettra en œuvre.

On doit sans cesse en revenir à l'érosion. La douleur contre la perfection *.

* Ici le mur sollicité de la maison perdue de vue ne renvoie plus de mots clairvoyants.

Tout ce que nous accomplirons d'essentiel à partir d'aujourd'hui, nous l'accomplirons faute de mieux. Sans contentement ni désespoir. Pour seul soleil : le bœuf écorché de Rembrandt. Mais comment se résigner à la date et à l'odeur sur le gîte affichées, nous qui, sur l'heure, sommes intelligents jusqu'aux conséquences ?

Une simplicité s'ébauche : le feu monte, la terre emprunte, la neige vole, la rixe éclate. Les dieux-dits nous délèguent un court temps leur loisir, puis nous prennent en haine de l'avoir accepté. Je vois un tigre. Il voit. Salut. Qui, là, parmi les menthes, est parvenu à naître dont toute chose, demain, se prévaudra ?

LA NUIT TALISMANIQUE
QUI BRILLAIT DANS SON CERCLE

1972

I

DÉVALANT LA ROCAILLE
AUX PLANTES ÉCARLATES

Nous n'avons pas plus de pouvoir s'attardant sur les décisions de notre vie que nous n'en possédons sur nos rêves à travers notre sommeil. A peine plus. Réalité quasi sans choix, assaillante, assaillie, qui exténuée se dépose, puis se dresse, se veut fruit de chaos et de soin offert à notre oscillation. Caravane délectable. Ainsi va-t-on.

Soudain nous surprend l'ordre de halte et le signal d'obliquer. C'est l'ouvrage.

Comment ramener au liseron du souffle l'hémorragie indescriptible? Vaine question, même si un tel ascendant avait eu son heure dans nos maisons dissimulées. Il n'est pire simplicité que celle qui nous oblige à chercher refuge. Pourtant la terre où nous désirons n'est pas la terre qui nous enfouit. Le marteau qui l'affirme n'a pas le coup crépusculaire. O mon avoir-fantôme, qu'ils se couchent et qu'ils dorment; la chouette les initiera! Et maintenant, c'est moi qui vais t'habiller, mon amour.

Nous marcherons, nous marcherons, nous exerçant encore à une borne injustifiable à distance heureuse de nous. Nos traces prennent langue.

DESTINATION DE NOS LOINTAINS

La liberté naît, la nuit, n'importe où, dans un trou de mur, sur le passage des vents glacés.

Les étoiles sont acides et vertes en été; l'hiver elles offrent à notre main leur pleine jeunesse mûrie.

Si des dieux précurseurs, aguerris et persuasifs, chassant devant eux le proche passé de leurs actions et de nos besoins conjugués, ne sont plus nos inséparables, pas plus la nature que nous ne leur survivrons.

Tel regard de la terre met au monde des buissons vivifiants au point le plus enflammé. Et nous réciproquement.

Imitant de la chouette la volée feutrée, dans les rêves du sommeil on improvise l'amour, on force la douleur dans l'épouvante, on se meut parcellaire, on rajeunit avec une inlassable témérité.

O ma petite fumée s'élevant sur tout vrai feu, nous sommes les contemporains et le nuage de ceux qui nous aiment!

VOLETS TIRÉS FENDUS

Lenteur qui butine, éparse lenteur,
lenteur qui s'obstine, tiède contre moi.
Êtres que nous chérissons, nous vous aimons dans
le meilleur comme dans l'injustice de vous-mêmes,
hasardeusement, tels de cahotants papillons.

Le rossignol, la nuit, a parfois un chant d'égorgeur.
Ma douleur s'y reconnaît.
Le rossignol chante aussi sous une pluie indiscipli-
nable. Il ne calligraphie pas l'arrogante histoire des
rossignols.

Plus ce qui nous échappe semble hors de portée,
plus nous devons nous persuader de son sens satis-
faisant.

Quand nous cessons de nous gravir, notre passé est
cette chose immonde ou cristalline qui n'a jamais eu
lieu.

Les chiens rongent les angles. Nous aussi.

On ne peut se retirer de la vie des autres et s'y laisser soi.

Les arbres ne se questionnent pas entre eux, mais trop rapprochés, ils font le geste de s'éviter. De la chênaie s'élance trois fois l'appel du coucou, l'oiseau qui ne commerce pas. Pareil au chant votif du météore.

C'est le peu qui est réellement tout. Le peu occupe une place immense. Il nous accepte indisponibles.

Nous contenons de l'insecte dans les parcelles les plus endurantes de nous-mêmes! Suppléant qui réussit où nous échouons.

J'étais une tendre enclume qui ne cherchait pas à s'occuper.

Sur les êtres de l'ailleurs pèsent tous les soupçons. Leurs actions n'apparaissent pas conséquentes aux murs de l'ici-bas journalier.

Qu'est-ce que nous réfractons? Les ailes que nous n'avons pas.

En retenant sa salive, en se taillant un chalumeau dans le tuyau d'un froid roseau, on deviendrait dune à écouter la mer.

ÉCRASEZ-LEUR LA TÊTE
AVEC UN GOURDIN,
JE VEUX DIRE AVEC UN SECRET

Toute lumière, comme toute limite, passe par nos yeux : tant la clarté, au foyer clos, des songes, que l'étamine obtuse des lanternes.

Vecteur infaillible de l'homme au rat quand cette voix jamais refoulée, basse comme l'absence, répète : « Tu n'échapperas pas. Tu *es* parmi nous. »

Fourche couchée, perfection de la mélancolie.

Successives enveloppes! Du corps levant au jour désintégré, des blanches ténèbres au mortier hasardeux, nous restons constamment encerclés, avec l'énergie de rompre.

L'eau de ma terre s'écoulerait mieux si elle allait au pas.

VERBE D'ORAGES RAISONNEURS...

Verbe d'orages raisonneurs qui ne se cassent pas, qui demeurent suspendus au-dessus de notre tête comme un banquier à court d'argent.

Parler et dire ce qui doit être dit au milieu du grand anonymat végétal amène aux attenances de la demeure.

Ceux qui cherchent ne découvrent que s'ils sont fiévreux ou éconduits. Nouveau monde aux doigts fragiles.

Du vide inguérissable surgit l'événement et son buvard magique.

Que notre lit d'amour se prolonge après nous et dresse sa pénombre dans un regard qui rêve, oui, cela a de quoi rendre heureux.

Faire la brèche, et qu'en jaillisse la flambée d'une herbe aromatique.

L'aubépine redevient verte et blanche. Petit jour. Après avoir porté à sa plus haute fièvre la nuit musicienne, le rossignol diminue la longueur de sa flamme, chante comme à regret parmi les échos repeuplés.

Nous devrions rendre au gage et au défi existence et honneur.

PEU À PEU, PUIS UN VIN SILICEUX

Des dieux intermittents parcourent notre amal-
game mortel mais ne s'élancent pas au-dehors. Là
ne se bornerait pas leur aventure si nous ne les tenions
pour divins.

Furent mis au monde des Transparents sous des
oripeaux improvisés. C'est ainsi que la malédiction
fut fondée.

Désir, voyageur à l'unique bagage et aux multiples
trains.

Ce n'est pas quelque chose de plus bas que lui
qu'exprime l'homme, mais quelque chose de plus
haut dans le temps humain, à la fois avide et exténué.

Une vue panoramique où l'imagination de la mort
serait accordée nue et sans suffocation.

A une unique interlocutrice, celle qui tranche le
fil, nous pouvons sincèrement dire : « Je suis à toi ».
Femme parée d'une parfaite jeunesse, qui nous
libère à notre heure, non à la sienne.

Clefs au soir malheureuses.

Dans l'écoulement des échos, saisir le mot majeur. Bonheur! s'il est le moins modulé.

Il faut retirer la terre des quatre éléments; elle n'est que le produit hilare des trois autres.

Être-au-monde est une belle œuvre d'art qui plonge ses artisans dans la nuit.

Nous n'excellons à nous refaire qu'en y ajoutant chaque fois plus d'enfer.

Nous nous dévorons vivants quand nous ne sommes pas dévorés avant. Heureuse nature qui ne connaît que les laves et l'érosion!

Rester honnête même bafoué c'est vivre au plus profond de soi la liberté.

Ce passant s'est déjà retiré du décor terrestre. Il n'est que d'écouter le récit de ce qu'il voit.

Parole de soleil : « Signe ce que tu éclaires, non ce que tu assombris. » Se saurait-il soleil?

Tout en nous appelle, hélas! la tyrannie. Question de masse et de volume, plus que de surface.

J'aime qui respecte son chien, affectionne ses outils,

n'écorce pas l'arbre pour en punir la sève, ne mouille pas le vin hérité, se moque de l'existence d'un monde exemplaire.

Brève tentative de remise en ordre, suivie d'un chaos plus grand que celui qui les instaura, telles sont les religions et les sciences des idées.

Tu es celui qui délivre un contenu universel en maîtrisant ta sottise particulière.

Craintive sauterelle, vous qui sautez si haut, priez pour nous lorsque vous retombez.

L'hypothèque quotidienne et sa pâleur de lys.

Parvenu à l'arche sonore, il cessa de marcher au milieu du pont. Il fut tout de suite le courant.

BAUDELAIRE MÉCONTENTE NIETZSCHE

C'est Baudelaire qui postdate et voit juste de sa barque de souffrance, lorsqu'il nous désigne tels que nous sommes. Nietzsche, perpétuellement séismal, cadastre tout notre territoire agonistique. Mes deux porteurs d'eau.

Obligation, sans reprendre souffle, de raréfier, de hiérarchiser êtres et choses empiétant sur nous. Comprenne qui pourra. Le pollen n'échauffant plus un avenir multiple s'écrase contre la paroi rocheuse.

Que nous défiions l'ordre ou le chaos, nous obéissons à des lois que nous n'avons pas intellectuellement instituées. Nous nous en approchons à pas de géant mutilé.

De quoi souffrons-nous le plus? De souci. Nous naissons dans le même torrent, mais nous y roulons différemment, parmi les pierres affolées. Souci? Instinct garder.

Fils de rien et promis à rien, nous n'aurions que quelques gestes à faire et quelques mots à donner.

Refus. Interdisons notre hargneuse porte aux mygales jactantes, aux usuriers du désert. L'œuvre non vulgarisable, en volet brisé, n'inspire pas d'application, seulement le sentiment de son renouveau.

Ce que nous entendons durant le sommeil, ce sont bien les battements de notre cœur, non les éclats de notre âme sans emploi.

Mourir, c'est passer à travers le chas de l'aiguille après de multiples feuillaisons. Il faut aller à travers la mort pour émerger devant la vie, dans l'état de modestie souveraine.

Qui appelle encore? Mais la réponse n'est point donnée.
Qui appelle encore pour un gaspillage sans frein? Le trésor entrouvert des nuages qui escortèrent notre vie.

II

CHACUN APPELLE

— Viendrai-je ? Viendrai-je ?
— Mais oui ! Mais oui !
Bestiaire nocturne.

Le mistral d'avril provoque des souffrances comme nul autre aquilon. Il n'anéantit pas, il désole. Par larges couches, à la pousse des feuilles, la tendre apparition de la vie est froissée. Vent cruel, aumône de printemps. Le rossignol dont c'était le chant d'arrivée s'est tu. Tant de coups ont assommé la nuit ! Paix. Aussitôt la chouette s'envole des entrailles du mûrier noir. Pour les Mayas elle est dieu de la mort aux vertèbres apparentes ; près d'ici : ravisseuse de Minerve ; et à mes yeux, damo Machoto, l'alliée. Elle m'appelle, je l'écoute ; je la mande, elle m'entend. Parfois nous échangeons nos visages, mais savons nous reconnaître au rendez-vous sans musiciens, car nos caresses ne sont pas intéressées. Pauvres habitants des châteaux de dispute, voisins de l'oiseau mangeur de paroles ! Nuit au corps sans arêtes, toi seule dois être encore innocentée.

GRIFFE

Marcheur voûté, le ciel s'essouffle vite;
Médiateur, il n'est pas entendu;
Moi je le peins bleu sur bleu, or sur noir.
Ce ciel est un cartable d'écolier
Taché de mûres.

VÉTÉRANCE

Maintenant que les apparences trompeuses, les miroirs piquetés se multiplient devant les yeux, nos traces passées deviennent véridiquement les sites où nous nous sommes agenouillés pour boire. Un temps immense, nous n'avons circulé et saigné que pour capter les traits d'une aventure commune. Voici que dans le vent brutal nos signes passagers trouvent, sous l'humus, la réalité de ces poudreuses enjambées qui lèvent un printemps derrière elles.

LE CHASSE-NEIGE

Dans la moelle épinière du Temps d'où irradie
l'amour, nous célébrons de l'amour la fête éminente,
minuit blanchi par ses douze douleurs.

CÉRÉMONIE MURMURÉE

Rex fluminis Sorgiae.

Comme une communiante agenouillée tendant son cierge,
Le scorpion blanc a levé sa lance et touché au bon endroit.
Surprise lui prêta sa ruse et son jarret.
Bah! le courant des eaux grossies passera sur ce naïf tableau.
Narcisses, boutons d'or s'effaceront au cœur du pré.
Le roi des aulnes se meurt.

L'ANNEAU DE LA LICORNE

Il s'était senti bousculé et solitaire à la lisière de sa constellation qui n'était dans l'espace recuit qu'une petite ville frileuse.

A qui lui demanda : « L'avez-vous enfin rencontrée? Êtes-vous enfin heureux? », il dédaigna de répondre et déchira une feuille de viorne.

LA FLAMME SÉDENTAIRE

Précipitons la rotation des astres et les lésions de l'univers. Mais pourquoi la joie et pourquoi la douleur? Lorsque nous parvenons face à la montagne frontale, surgissent minuscules, vêtus de soleil et d'eau, ceux dont nous disons qu'ils sont des dieux, expression la moins opaque de nous-mêmes.

Nous n'aurons pas à les civiliser. Nous les fêterons seulement, au plus près; leur logis étant dans une flamme, notre flamme sédentaire.

DON HANTÉ

On a jeté de la vitesse dans quelque chose qui ne le supportait pas. Toute révolution apportant des vœux, à l'image de notre empressement, est achevée, la destruction est en cours, par nous, hors de nous, contre nous et sans recours. Certaines fois, si nous n'avions pas la solidarité fidèle comme on a la haine fidèle, nous accosterions.

Mais du maléfice indéfiniment trié s'élève une embellie. Tourbillon qui nous pousse aux tâches ardoisières.

ÉPROUVANTE SIMPLICITÉ

Mon lit est un torrent aux plages desséchées. Nulle fougère n'y cherche sa patrie. Où t'es-tu glissé tendre amour ?

Je suis parti pour longtemps. Je revins pour partir.

Plus loin, l'une des trois pierres du berceau de la source tarie disait ce seul mot gravé pour le passant : « Amie ».

J'inventai un sommeil et je bus sa verdeur sous l'empire de l'été.

ÉCLORE EN HIVER

La nuit s'imposant, mon premier geste fut de détruire le calendrier nœud de vipères où chaque jour abordé sautait aux yeux. La volte-face de la flamme d'une bougie m'en détourna. D'elle j'appris à me bien pencher et à me redresser en direction constante de l'horizon avoisinant mon sol, à voir de proche en proche une ombre mettre au monde une ombre par le biais d'un trait lumineux, et à la scruter. Enfin, ce dont je n'étais pas épris, qui persistait à ne pas passer, à demeurer plus que son temps, je ne le détestais plus. Mais, force intacte et clairvoyance spacieuse, c'était bien, l'aube venue, mon ouvrage solitaire qui, me séparant de mon frère jumeau, m'avait exempté de son harnais divin. Brocante dans le ciel : oppression terrestre.

SA MAIN FROIDE

Sa main froide dans la mienne j'ai couru, espérant nous perdre et y perdre ma chaleur. Riche de nuit je m'obstinais.

Détours qu'empruntent les morts aimés pour de leur cœur faire notre sentiment, vous n'êtes pas consignés. Détours dont on ne dénombre pas la multitude ni les signes.

RELIEF ET LOUANGE

Du lustre illuminé de l'hôtel d'Anthéor où nous coudoyaient d'autres résidents qui ignoraient notre alliance ancienne, la souffrance ne fondit pas sur elle, la frêle silhouette au rire trop fervent, surgie de son linceul de l'Epte pour emplir l'écran rêveur de mon sommeil, mais sur moi, amnésique des terres réchauffées. Le jamais obtenu, puisque nul ne ressuscite, avait ici un regard de jeune femme, des mains offertes et s'exprimait en paroles sans rides.

Le passage de la révélation à la joie me précipita sur le rivage du réveil parmi les vagues de la réalité accourue; elles me recouvrirent de leurs sables bouillonnants. C'est ainsi que le caducée de la mémoire me fut rendu. Je m'attachai une nouvelle fois à la vision du second des trois Mages de Bourgogne dont j'avais tout un été admiré la fine inspiration. Il risquait un œil vers le Septentrion au moment de recevoir sa créance imprécise. A faible distance, Ève d'Autun, le poignet sectionné, ferait retour à son cœur souterrain, laissant aux sauvagines son jardin saccagé. Ève suivante, aux cheveux récemment rafraîchis et peignés, n'unirait qu'à un modeleur décevant sa vie blessée, sa gaieté future.

SOMMEIL AUX LUPERCALES

Refoulées par le jour, effacées de notre regard qui était leur espace fertile, les grandes interdites accourent une à une, puis en nombre, tels des comptoirs faillis en pays éloigné qui reviendraient à la vie en passant vertigineusement de leur voûte à la nôtre.

Nous nous suffisions, sous le trait de feu de midi, à construire, à souffrir, à copartager, à écouter palpiter notre révolte, nous allons maintenant souffrir, mais souffrir en sursaut, fondre sur la fête et croire durable le succès de ce soulèvement, en dépit de sa rapide extinction.

Éclats de notre jeunesse, éclats pareils à des lézards chatoyants tirés de leur sommeil anfractueux; dès lors pressés d'atteindre le voyageur fondamental dont ils demeurent solidaires.

AROMATES CHASSEURS

1972-1975

Ce siècle a décidé de l'existence de nos deux espaces immémoriaux : le premier, l'espace intime où jouaient notre imagination et nos sentiments ; le second, l'espace circulaire, celui du monde concret. Les deux étaient inséparables. Subvertir l'un, c'était bouleverser l'autre. Les premiers effets de cette violence peuvent être surpris nettement. Mais quelles sont les lois qui corrigent et redressent ce que les lois qui infestent et ruinent ont laissé inachevé ? Et sont-ce des lois ? Y a-t-il des dérogations ? Comment s'opère le signal ? Est-il un troisième espace en chemin, hors du trajet des deux connus ? Révolution d'Orion resurgi parmi nous.

I

ÉVADÉ D'ARCHIPEL

Orion,
Pigmenté d'infini et de soif terrestre,
N'épointant plus sa flèche à la faucille ancienne,
Les traits noircis par le fer calciné,
Le pied toujours prompt à éviter la faille,
Se plut avec nous
Et resta.

Chuchotement parmi les étoiles.

CE BLEU N'EST PAS LE NÔTRE

Orion
au Taureau

Nous étions à la minute de l'ultime distinction.
Il fallut rapatrier le couteau. Et l'incarnat ana-
logique.

Peu auront su regarder la terre sur laquelle ils
vivaient et la tutoyer en baissant les yeux. Terre
d'oubli, terre prochaine, dont on s'éprend avec
effroi. Et l'effroi est passé...

A chacun son sablier pour en finir avec le
sablier. Continuer à ruisseler dans l'aveuglement.

Qui délivrera le message n'aura pas d'identité.
Il n'oppressera pas.

Modeler dans l'apocalypse, n'est-ce pas ce que
nous faisons chaque nuit sur un visage acharné
à mourir ?

Un outil dont notre main privée de mémoire découvrirait à tout instant le bienfait, n'envieillirait pas, conserverait intacte la main.

Alors disparurent dans la brume les hommes au petit sac.

AROMATES CHASSEURS

Orion
à la Licorne

Je voudrais que mon chagrin si vieux soit comme le gravier dans la rivière : tout au fond. Mes courants n'en auraient pas souci.

Maison mentale. Il faut en occuper toutes les pièces, les salubres comme les malsaines, et les belles aérées, avec la connaissance prismatique de leurs différences.

C'est quand on ne s'y reconnaît plus, ô toi qui m'abordas, qu'on y est. Souviens-t'en.

La foudre libère l'orage et lui permet de satisfaire nos plaisirs et nos soifs. Foudre sensuelle! (Hisser, de jour, le seau du puits où l'eau n'en finit pas de danser l'éclat de sa naissance.)

Il y eut le vol silencieux du Temps durant des millénaires, tandis que l'homme se composait.

Vint la pluie, à l'infini; puis l'homme marcha et agit. Naquirent les déserts; le feu s'éleva pour la deuxième fois. L'homme alors, fort d'une alchimie qui se renouvelait, gâcha ses richesses et massacra les siens. Eau, terre, mer, air suivirent, cependant qu'un atome résistait. Ceci se passait il y a quelques minutes.

Détesté du tyran quel qu'en soit le poids. Et pour tout alpage, l'étincelle entre deux flammes.

Il arrive que des actions légères se déploient en événements inouïs. Qu'est-ce que l'inepte loi des séries comparée à cette crue nocturne?

Hors de nous comme au delà de nous, tout n'est que mise en demeure et croissance menacée. C'est notre désespoir insurgé, intensément vécu, qui le constate, notre lucidité, notre besoin d'amour. Et tant de conscience finit par tapisser l'éphémère. Chère roulotte!

Le présent-passé, le présent-futur. Rien qui précède et rien qui succède, seulement les offrandes de l'imagination.

Nous ne sommes plus dans l'incurvé. Ce qui nous écartera de l'usage est déjà en chemin. Puis nous deviendrons terre, nous deviendrons soif.

EXCURSION AU VILLAGE

Orion s'éprend
de la Polaire

Les amants sont inventifs dans l'inégalité ailée qui les recueille sur le matin.

Il faut cesser de parler aux décombres.

Une écriture d'échouage. Celle à laquelle on m'oppose aujourd'hui. Paysage répété au sommet de la nuit sur qui se lève une lueur.

La brûlure du bruit. Louée soit la neige qui parvient à en éteindre la cuisson.

Les femmes sont amoureuses et les hommes sont solitaires. Ils se volent mutuellement la solitude et l'amour.

Toi qui nais appartiens à l'éclair. Tu seras pierre d'éclair aussi longtemps que l'orage empruntera ton lit pour s'enfuir.

Y a-t-il vraiment une plus grande distance entre nous et notre poussière finale qu'entre l'étoile intraitable et le regard vivant qui l'a tenue un instant sans s'y blesser ?

... Nicolas de Staël, nous laissant entrevoir son bateau imprécis et bleu, repartit pour les mers froides, celles dont il s'était approché, enfant de l'étoile polaire.

LA FRONTIÈRE EN POINTILLÉ

Passage des
Gémeaux

Nous sommes lucioles sur la brisure du jour.
Nous reposons sur un fond de vase, comme une
barge échouée.

Ces conflits entre le désir et l'esprit qui sème la
désolation. Conflits d'où l'esprit sort vainqueur
par le biais et non par le droit fil.

Le contraire d'écouter est d'entendre. Et
comme fut longue à venir à nos épaules la mon-
tagne silencieuse. Pour que j'aie pu ouïr un tel
tumulte une locomotive a dû passer sur mon
berceau.

Dans sa lutte pour la vie, sans le mal aurait-il
survécu? Lui, l'homme blanc? Puis il scella
sa domination défleurante.

La multiplication, opération aujourd'hui mau-
dite. De même la croissance. Et l'exploit : ils

ne pouvaient traverser que sous le regard ner-
vuré des dieux, lesquels se lassèrent de ne pas
se reconnaître en eux.

Pris aux esprits de l'air. Donné aux verges de
la terre. Déjà en naissant, nous n'étions qu'un
souvenir. Il fallut l'emplir d'air et de douleur
pour qu'il parvînt à ce présent.

Le dard d'Orion. Le trèfle étoilé. Dans la
garrigue, miroir du ciel diurne.
Le trèfle obscurci... La cicatrice verte.
La trombe de la souffrance, le balluchon de
l'espoir.

Un lac! Qu'on nous l'accorde! Un lac, non une
source au milieu de ses joncs, mais un pur lac, non
pour y boire, un lac pour s'offrir au juron glacé
de ses eaux estivales. Qui sollicites-tu? Nul n'est
prêteur, nul n'est donnant.

Mains autrefois sublimes. Pas aujourd'hui
comptés. Un vivre évasif, un long-courrier
retenu jusqu'à son service d'évidence inutile.

Il y a une compréhension à tout, mais de ce
filage monte un brouillard, une clameur de peur,
et parfois notre haine traçante.

La réponse interrogative est la réponse de
l'être. Mais la réponse au questionnaire n'est
qu'une fascine de la pensée.

« Ton fils sera spectre. Il attendra la délivrance des chemins sur une terre décédée. »

Tel le peintre Poussin, je me lavais au vent qui durcissait mes ailes sans un regret pour ma mère disparue.

LOMBES

*Orion traverse à
la nage l'Éridan
et connaît
l'Hydre*

Quelle barbarie experte voudra bien de nous demain ? Savoir que ce qui existait avant nous se trouve à présent devant, comme au jardin d'hiver une orchidée saignante, par césarienne.

Entre télescope et microscope, c'est là que nous sommes, en mer des tempêtes, au centre de l'écart, arc-boutés, cruels, opposants, hôtes indésirables.

Échec de la philosophie et de l'art tragique, échec au seul profit de la science-action, la metteuse en œuvre, devenue, la gueuse à son fait-tout, sous ses visages meurtriers et ses travestis, le passeur de notre vie hybridée, affaire triviale.

Il y a ceux qui ont bu l'eau de la baignoire de Marat et nous qui avons frissonné à l'horizon de Saint-Just et de Lénine. Mais Staline est perpétuellement imminent. On conserve avec des égards la mâchoire d'Hitler. Qu'est-ce qui détournera notre corps du laser pellagreux? O inconvenante justesse affrontée à une mer emplie de jusquiame!

Ronger est l'un des rares verbes qui puisse se conjuguer par une complète obscurité. Quelle excellence sous le travail empressé de la dent! Et comme l'objet ainsi pelé a lieu de se féliciter! Il ronronne de contentement. Ronger c'est ritualiser la mort.

La subordination ou la terreur, puis les deux à la fois, le totalitarisme vers quoi tout converge : l'anneau nuptial du désert, les jeux sinistres, la pause punitive... Aveugles, ne pissez pas sur le ver luisant; seul entre tous il se hâte.

Une science autoritaire se détache du groupe de ses sœurs modestes et brocarde le prodige de la vie dont elle tire une monnaie de peur. Toujours l'idée avilissant l'objet. La bête est devenue fabuleuse et spumeuse...

L'homme à l'homme identique, dans une condition granulaire, c'est ce spectre que le matérialisme, après l'idéalisme, exhorte à la durée. Soit l'esclave identique à l'esclave dans une condition sans cesse moins blutée.

*

En disparaissant, nous retrouvons ce qui était avant que la terre et les astres ne fussent constitués, c'est-à-dire l'espace. Nous sommes cet espace dans toute sa dépense. Nous retournons au jour aérien et à son allégresse noire.

Cette extension presque intolérable entre le souffle consentant et le pas hésitant. Doucir l'obstacle. Après la chute interminable, nous gisons écrasés sur le sol. Nous continuons à vivre et à apprendre.

L'ingénieux a disposé, sur le parquet où il marche, des milliers de petits clous dont les têtes inégales le meurtrissent et l'ensanglantent. Il acquitte ici sa verticalité.

Le tendre empressement de réfuter Nietzsche parce que nous arrivons après lui et que son site dévasté est à nouveau dispos, conforme à lui.

Dans ma jeunesse, le monde était un blanc chaos d'où s'élançaient des glaciers rebelles. Aujourd'hui, c'est un chaos sanglant et boursouflé, où l'être le mieux doué n'est maître que de la bouffissure.

*

Ils nous harcèlent, ces fils trop actuels! Couper les vivres de l'héritage n'est pas remède.

Nous avons besoin pour survivre de l'éventail au complet de nos sentiments. Un sentiment de plus, allégeant autrui, qui nous rappellerait à son espoir, et c'est la défaite.

Pasteurs saucés, combien capables !
Sous leurs yeux, les brebis se rassemblent, par grand vent, étoiles fécondes et lasses, à ras de terre.
L'agneau qui naît n'est pas motif de halte.

O la nouveauté du souffle de celui qui voit une étincelle solitaire pénétrer dans la rainure du jour ! Il faut réapprendre à frapper le silex à l'aube, s'opposer au flot des mots.
Seuls les mots, les mots aimants, matériels, vengeurs, redevenus silex, leur vibration clouée aux volets des maisons.

Sitôt que tu comprends ton ennemi, et t'assures sans ressentiment que ton ennemi t'entend, tu es perdu.

VOYAGEURS

Céphée à Orion

> *Le train disparu, la gare part en
> riant à la recherche du voyageur.*

Tout ce qui se dérobe sous la main est, ce soir,
essentiel. L'inaccompli bourdonne d'essentiel.

Nous inventons des forces dont nous touchons
les extrémités, presque jamais le cœur.

Il convient d'approcher les outils de la table du
repas avec d'insignes précautions. Cet intervalle
singulier n'est pas apparenté ni mesurable.

Notre présent s'est à un tel point enflammé que
l'invoquer, c'est le louer au vent.

Camarade, voici ton sauf-conduit pour te
rendre partout — et pour y souffrir. De la ligne
de flottaison aux abysses. Courage s'abreuvant

d'infinies variantes. Lieu de délices qui dure un jour.

Ils construisirent une barque avec l'écume de la mer afin de se saisir du rivage le plus lointain. Cette chaîne de récifs, c'est eux.

Le Calomniateur descend irrésistiblement vers cette mer. En revanche les dieux sont complexes et lents dans leurs adoptions.

Nous sommes assis, tache jaune, devant l'âtre de la bestialité. Qui s'en doute? Même pas ce farceur de grand froid.

A temps l'ombre de la vie intervient pour préserver la place que nous lui devons en nous. Plus les montagnes sont hautes, plus les clair-voyants ont droit à la foudre des nuées dans leur bâton.

— Vie, où est ta victoire?
— Dans celle-ci. Sur celui-là.
— Je sais, Amie, que l'avenir est rare.

DIEUX ET MORT

Retour d'Orion
à la terre
des lombes

Nuls dieux à l'extérieur de nous, car ils sont le fruit de la seule de nos pensées qui ne conquiert pas la mort, la mort qui, lorsque le Temps nous embarque à son bord, chuchote, une encablure en avant.

O délices, ô sabotage!
Roule le roc, éclate l'arbre,
Conspué soit l'innocent.
« Voici le Temps des assassins! »
C'était beaucoup et c'était peu.
Voilà le Temps du suintement!
Voilà le Temps des instructeurs!
Et de la truie au col de cygne!
Voilà le Temps des délateurs!

Refuse les stances de la mémoire.
Remonte au servage de ta faim,
Indocile et dans le froid.

II

RÉCEPTION D'ORION

Qui cherchez-vous brunes abeilles
Dans la lavande qui s'éveille?
Passe votre roi serviteur.
Il est aveugle et s'éparpille.
Chasseur il fuit
Les fleurs qui le poursuivent.
Il tend son arc et chaque bête brille.
Haute est sa nuit; flèches risquez vos chances.

Un météore humain a la terre pour miel.

LA DOT DE MAUBERGEONNE

Un bouquet de thym en décembre, une griffe de
sauge après neige, de la centaurée dès qu'elle aimera,
un échelon de basilic, la renouée des chemins devant
sa chambre nuptiale...

Que le ciel, lorsqu'elle sortira, lui donne son vent
rapide.

LA RAINETTE

Rainette se confie à l'osier qui la hale. La branche humide retire sa robe. Écorce et jeunes feuilles ont des égards pour un ventre héraldique! La cuisson de la faux enflammée sera pour le bas monde des herbes mordillées.

L'aberration occupe tout le ciel : là-haut, le divin églantier fouette à mort ses étoiles.

RODIN

Ces marcheurs, je les ai accompagnés longtemps.
Ils me précédaient ou louvoyaient, balbutiants et
cahotants, à la faveur d'un tourbillon qui les mainte-
nait toujours en vue. Ils étaient peu pressés d'arriver
au port et à la mer, de se livrer au caprice exorbitant
de l'ennemi. Aujourd'hui la lyre à six cordes du déses-
poir que ces hommes formaient, s'est mise à chanter
dans le jardin empli de brouillard. Il n'est pas impos-
sible qu'Eustache le dévoué, le chimérique, ait entrevu
sa vraie destination qui ne se comptait pas en instants
de terreur mais en souffle lointain dedans un corps
constant.

ÉBRIÉTÉ

Tandis que la moisson achevait de se graver sur le cuivre du soleil, une alouette chantait dans la faille du grand vent sa jeunesse qui allait prendre fin. L'aube d'automne parée de ses miroirs déchirés de coups de feu, dans trois mois retentirait.

PONTONNIERS

Il faut deux rivages à la vérité : l'un pour notre aller, l'autre pour son retour. Des chemins qui boivent leurs brouillards. Qui gardent intacts nos rires heureux. Qui, brisés, soient encore salvateurs pour nos cadets nageant en eaux glacées.

MUTILATEURS

Il eût suffi d'un non lumineux pour indéfiniment allonger et élever nos doigts sur l'étendue et sur les choses. La pierre milliaire où se dépensait devant les ajoncs toute source à saisir est maintenant mutilée. Le Temps aux reins cassés, nous en prenons soin, en un lieu à nous.

NOTE SIBÉRIENNE

La neige n'accourait plus dans les mains des enfants.
Elle s'amassait et enfantait sur notre nordique visage
des confins. Dans cette nuit de plus en plus exiguë
nous ne distinguions pas qui naissait.

Pourquoi alors cette répétition : nous sommes une
étincelle à l'origine inconnue qui incendions toujours
plus avant. Ce feu, nous l'entendons râler et crier, à
l'instant d'être consumés ? Rien, sinon que nous étions
souffrants, au point que le vaste silence, en son centre,
se brisait.

SOUS LE FEUILLAGE

Frapper du regard, c'est se dessiner dans les yeux des autres, y découvrir leurs traits modifiés auprès des nôtres, mais pour ombrer notre ceinture de déserts.

Celui qui prenait les devants s'appuya contre un frêne, porta en compte la récidive de la foudre, et attendit la nuit en désirant.

VINDICTE DU LIÈVRE

Ne m'ont-ils pas, pour mieux m'exclure, attribué leurs rêves inimaginables et leurs réalités scélérates? Sitôt qu'un fenouil maigre leur offre la liberté de me mettre en joue, ils me confèrent la dignité d'affolé. Observez l'interrogation des ombres sur les lèvres rongées de leur terre... Mieux que sur le vent vert où passe une graine, la vengeance de toute mon espèce y file les sons de sa destruction.

Depuis que je veille dans le vaste espace d'or qu'Orion déroule à ses pieds, lui, s'avançant aux abords des marais, ne m'estimerait pas ladre, encore moins me capturerait-il pendant mon sommeil exténué.

J'ai enfermé leur diable roux dans une bouteille que je donnerai à la mer. La lente vague que Claude Lorrain entendait approcher du môle de ses palais la prendra.

ORION IROQUOIS

Devant l'horloge abattue de nos millénaires, pour-
quoi serions-nous souffrants? Une certaine supers-
tition n'ennoblit-elle pas? Orion, charpentier de
l'acier? Oui, lui toujours; et vers nous. La masse
d'aventure humaine aujourd'hui brisée, ce soir
ressoudée, passe sous nos ponts géants.

III

VERT SUR NOIR

Nous

Passer sur le chemin nouveau. Ce que nous dési-
rons est vaste. Ce qu'il advient, il y a peu de
motifs de s'en affliger. L'impur éden clignote
aux côtés de la dérision.

S'éloigner, se courber fermement, son aurore
dans le dos, aux lentes péripéties d'une montagne
aimée.

La lampe brûle sans compter. Elle se nourrit
d'aliments panachés. Accommode-t'en, ou brise-
la.

Rien ne demeure longtemps identique. Nul ne se
montre longtemps contracté. Couche après couche
cela s'enfouit, occupant tout le silence.

N'étions-nous pas venus à l'heure des présages
et des traces d'un mal sans rémission faire le
complément d'une lucidité?

Un passant mythique, bien d'ici, nous rencontra : il voulait accroître l'espace des élans, la terre des égards, le murmure des oui, de midi en minuit. Cet homme heurté ne semblait tirer de sa poitrine que des battements exigeants, défaillants.

Avant d'être jeté dans les yeux, la forme et les gestes d'ailleurs.

Deux laboureurs aveugles.

Vert sur noir.

LA RIVE VIOLENTE

Promptes à se joindre, à se réconcilier
   dans la destruction du corps de notre maison,
Immuables sont les tempêtes.

L'une se lève sur mes talons, à peine la nuit dissipée,
Exigeante, sédentaire, sûre d'elle.
L'autre, la fugueuse, roule vers nous des monstres en
   bouillie et les projets des humains.

Avant que ne commençât la veillée des millénaires
Les Pascuans surent que leurs sculpteurs, taillant dans
   l'île,
Ouvraient devant les morts les portes de la mer.

Nous n'avons plus de morts, plus d'espace;
Nous n'avons plus les mers ni les îles;
Et l'ombre du sablier enterre la nuit.
« Rhabillez-vous. Au suivant. » Tel est l'ordre.
Et le suivant, c'est aussi nous.
Révolution qu'un astre modifie,
Avec les mains que nous lui ajoutons.

IV

ÉLOQUENCE D'ORION

Tu te ronges d'appartenir à un peuple mangeur de chevaux, esprit et estomac mitoyens. Son bruit se perd dans les avoines rouges de l'événement dépouillé de son grain de pointe. Il te fut prêté de dire une fois à la belle, à la sourcilleuse distance les chants matinaux de la rébellion. Métal rallumé sans cesse de ton chagrin, ils me parvenaient humides d'inclémence et d'amour.

Et à présent si tu avais pouvoir de dire l'aromate de ton monde profond, tu rappellerais l'armoise. Appel au signe vaut défi. Tu t'établirais dans ta page, sur les bords d'un ruisseau, comme l'ambre gris sur le varech échoué; puis, la nuit montée, tu t'éloignerais des habitants insatisfaits, pour un oubli servant d'étoile. Tu n'entendrais plus geindre tes souliers entrouverts.

Table

LE NU PERDU

RETOUR AMONT

DANS LA PLUIE GIBOYEUSE

AROMATES CHASSEURS

PRINCIPAUX OUVRAGES

1971 *Le nu perdu* (Gallimard).
1976 *Aromates chasseurs* (Gallimard).
1977 *Chants de la Balandrane* (Gallimard).
1979 *Fenêtres dormantes et porte sur le toit* (Gallimard).
1981 *La planche de vivre* (Gallimard).
1985 *Les voisinages de Van Gogh* (Gallimard).
1987 *Le gisant mis en lumière* en collaboration avec Alexandre Galperine et Marie-Claude de Saint-Seine (Éditions Billet).
1988 *Éloge d'une Soupçonnée* (Gallimard).

DANS LA COLLECTION « POÉSIE »

1967 *Fureur et mystère*, préface d'Yves Berger.
1969 *Les Matinaux*, suivi de *La Parole en archipel*.
1971 *Recherche de la base et du sommet*.
1978 *Le Nu perdu et autres poèmes*.
1989 *Éloge d'une Soupçonnée* (Gallimard).

DANS LA BIBLIOTHÈQUE DE LA PLÉIADE

1983 *Œuvres complètes*.

DERNIÈRES PARUTIONS

Ce volume,
le cent vingt-quatrième de la collection Poésie,
a été reproduit et achevé d'imprimer
par l'Imprimerie Floch à Mayenne
le 30 janvier 1991.
Dépôt légal : janvier 1991.
1er dépôt légal dans la même collection : septembre 1978.
Numéro d'imprimeur : 30336.

ISBN 2-07-032178-9 / Imprimé en France